BEI GRIN MACHT SICH IHR WISSEN BEZAHLT

- Wir veröffentlichen Ihre Hausarbeit,
  Bachelor- und Masterarbeit

- Ihr eigenes eBook und Buch -
  weltweit in allen wichtigen Shops

- Verdienen Sie an jedem Verkauf

Jetzt bei www.GRIN.com hochladen
und kostenlos publizieren

Caroline Boller

Thomas Bernhards "Heldenplatz" - eine Interpretation

GRIN Verlag

Bibliografische Information der Deutschen Nationalbibliothek:

Die Deutsche Bibliothek verzeichnet diese Publikation in der Deutschen National-
bibliografie; detaillierte bibliografische Daten sind im Internet über http://dnb.d-
nb.de/ abrufbar.

Impressum:

Copyright © 2010 GRIN Verlag, Open Publishing GmbH
Druck und Bindung: Books on Demand GmbH, Norderstedt Germany
ISBN: 978-3-640-78375-5

Dieses Buch bei GRIN:

http://www.grin.com/de/e-book/163392/thomas-bernhards-heldenplatz-eine-
interpretation

GRIN - Your knowledge has value

Der GRIN Verlag publiziert seit 1998 wissenschaftliche Arbeiten von Studenten, Hochschullehrern und anderen Akademikern als eBook und gedrucktes Buch. Die Verlagswebsite www.grin.com ist die ideale Plattform zur Veröffentlichung von Hausarbeiten, Abschlussarbeiten, wissenschaftlichen Aufsätzen, Dissertationen und Fachbüchern.

Besuchen Sie uns im Internet:

http://www.grin.com/

http://www.facebook.com/grincom

http://www.twitter.com/grin_com

Caroline Boller: Exposé zu Thomas Bernhard *Heldenplatz*

1. Das Drama „Heldenplatz" von Thomas Bernhard: Anklage gegen Österreich – Kritik an der Kontinuität des Nazismus in Österreich

Das Theaterstück *Heldenplatz* von Thomas Bernhard kritisiert die politischen Verhältnisse Österreichs, vor allem dem dort noch immer herrschenden Antisemitismus. Das Stück umfasst insgesamt drei Szenen.

Der Selbstmord des Mathematikprofessors Josef Schuster ist das zentrale Ereignis, das vor dem Beginn des Dramas stattgefunden hatte, und die folgenden Szenen hinsichtlich der Dialoge und Handlungen bestimmt. Festzustellen ist, dass dieses Drama erstaunlich handlungsarm ist. Der Selbstmord Josef Schusters liegt als Ereignis außerhalb des Dramas. Die erste Szene spielt in der Wohnung des Verstorbenen und seiner Frau Hedwig Schuster. In der zweiten Szene findet die Beerdigung statt und der anschließende Leichenschmaus in der dritten Szene. Dies sind die einzigen Ereignisse. Die Akteure handeln dabei kaum, vielmehr ergehen sie sich in hauptsächlich in quasi monologisch gehaltenen Erinnerungen und Beschimpfungen.

1.1 Erinnern, Nicht-Erinnern-Wollen und Nicht Erinnern-Können als zentrale Themen des Dramas

Die Wohnung des verstorbenen Professors Josef Schuster liegt am Heldenplatz, dem Ort, an dem Hitler 1938 den Anschluß Österreichs an das nationalsozialistische Deutschland verkündete. Paradoxerweise hatte sich J. Schuster zusammen mit seiner Frau ausgerechnet dort eine Wohnung genommen. Das ist paradox, da er als Jude eigentlich an diesen Aspekt der Vergangenheit Österreichs und Deutschlands nicht permanent erinnert werden wollen müsste. Auf ein solches kontinuierliches Erinnertwerden jedoch läuft die Wahl der Wohnung hinaus.

Erinnern, Nicht-Erinnern-Wollen und Nicht-Vergessen-Können sind zentrale Themen dieses Bernhardschen Dramas. Hier wird exemplarisch verdeutlicht, dass einer der Aspekte, der den Menschen zum Menschen macht, darin besteht, dass er die Fähigkeit zur Erinnerung hat, sowie er eben auch die Fähigkeit des Sich-Nicht-Erinnern-Wollens besitzt und zuweilen dem Problem des Nicht-Vergessen-Könnens ausgeliefert ist. Auf diese entscheidenden Inhalte des Stücks verweist auch die Reaktion Hedwig Schusters, die seit dem Einzug in die gemeinsame Wohnung am Heldenplatz chronisch seelisch erkrankt ist[1] – diese Erkrankung manifestiert

---

[1] Die Kranken, sowohl körperlich als auch seelisch erkrankte Personen, spielen eine herausragende Rolle im gesamten Bernhardschen Oeuvre, wie sich auch im Drama „Heldenplatz" zeigt. Josef Schuster muß seelisch traumatisiert gewesen sein, andernfalls hätte er wohl kaum Selbstmord begangen. Seine Frau Hedwig ist psychotisch und sieht nicht zufällig besonders klar: „Dank seiner geschärften Sensibilität und mangelnden

sich in auditiven Halluzinationen. Sie hört Tag für Tag und Nacht für Nacht das Geschrei der Massen zur Hitler-Rede am Heldenplatz, obwohl diese Ereignisse vergangen sind. Hier handelt es sich um eine Form des Nicht-Vergessen-Könnens, die sich in einer psychotischen Reaktionsweise manifestiert. Gleichzeitig lassen sich diese Anfälle Hedwig Schusters aber auch als Offenbarung oder Zukunftsvision lesen: Sie hört gegenwärtig das, was in Österreich schon einmal da war, als wenn sie sagen wollte, die Geschichte werde sich wiederholen.

Der in der Wohnung stattfindende Dialog zwischen Frau Zittel, der Wirtschafterin und Herta, dem Dienstmädchen, dient der Charakterisierung des jüdischen Professors Josef Schuster, der Suizid beging, weil er den immer weiter zunehmenden Nazismus in Österreich nicht mehr ertrug.

Genaugenommen handelt es sich hier um einen Monolog[2] der Frau Zittel, denn ihre Rede weist ein viel größeres Volumen auf als Hertas Beiträge und sie zeigt auch keinerlei Interesse an den Einwürfen Hertas. Dies ist insgesamt ein zentrales Charakteristikum der Figurenrede, wie sie sich in Bernhards *Heldenplatz* darstellt. Die redenden Protagonisten erreichen ihre (potentiellen) Dialogpartner nicht. Auffallend ist hier, dass sie dies nicht einmal zu wollen scheinen. Aber auch diejenigen Personen, die meist schweigen, wie Herta, Olga und Frau Hedwig Schuster, sagen damit gleichzeitig etwas aus. Sie sind aus Sicht der redenden Personen notwendig, denn diese brauchen das Schweigen ihrer Dialogpartnerinnen, so dass ihre Redegewalt daneben umso deutlicher aber auch absurder wirkt. Jede der Figuren scheint

---

Verdrängungsfähigkeit sieht der Wahnsinnige mehr als die dickfelligen robusten Gesunden. Gerade der Kranke erkennt das Krankhafte in der Welt der scheinbar Gesunden." Renate Langer: Bilder aus dem beschädigten Leben. Krankheit bei Thomas Bernhard. In: Thomas Bernhard - Die Zurichtung des Menschen; Hrsg. von Alexander Honold und Markus Joch. Würzburg, 1999, S.185.

[2] Rein formal betrachtet handelt es sich hier nicht um einen Monolog, da Herta als Ansprechpartnerin anwesend ist, und gelegentlich auch Einwürfe macht. Daher wäre eigentlich richtiger von einem „nicht idealtypischen Dialog" zu sprechen (Vgl. Eun-Soo Jang: Die Ohn-Machtspiele des Alternarren. Untersuchungen zum dramatischen Schaffen Thomas Bernhards, Frankfurt a.M., 1993). Dafür diesen nicht idealtypischen Dialog aber als Monolog zu bezeichnen, spricht allerdings, dass das Redevolumen der Frau Zittel so beträchtlich ist, wohingegen Hertas Redevolumen so gering ist, dass man nicht mehr von einem Dialog sprechen kann, denn dieser Begriff setzt eine gewisse Gleichgewichtigkeit der Redebeiträge voraus. Abgesehen davon, erhält man aufgrund der Rede von Frau Zittel den Eindruck, dass ihr überhaupt nicht im Geringsten daran gelegen ist, mit Herta in einen Dialog, also ein Gespräch, einzutreten. Wie sich auch anhand der Beziehung von Josef und Hedwig Schuster zeigt, sind die Beziehungen der Protagonisten von Macht durchtränkt: Hedwig wird als Frau von Josef unterdrückt (er setzt seinen Wunsch nach Wien zurückzugehen gegen ihren Widerstand durch, sie ziehen in eine Wohnung am Heldenplatz, auch das ist alleine seine Entscheidung, obwohl es ja eine gemeinsame Wohnung ist). Hier hat die Frau also die unterdrückte Position im Verhältnis zum Mann, obwohl sie sogar beträchtlich zum Familieneinkommen beiträgt, da sie im Besitz zweier gutgehender Fabriken ist (- also höchstwahrscheinlich mehr Einkommen hat, als ihr Mann als Professor). Es scheint also, dass sie in einem Maße von ihrem Mann emotional abhängig ist, wie er es eben nicht ist, so dass es überhaupt zu so einer Situation kommen konnte, in der sie sich auch unterdrücken lässt. Ebenso ist Herta der Knecht von Frau Zittel, denn sie ist abhängig von Frau Zittel gewesen- in diesem Fall aber in existentieller Hinsicht- , und Frau Zittel spielt ihre höhere Position gnadenlos aus, indem sie Herta immer wieder vorhält, was sie für sie getan hat, und ihr zugleich einredet, sie sei doch im Grunde nichts wert und zu nichts befähigt.

nur um sich selbst zu kreisen, um ihr Ich – dies lässt sich als eine Darstellung der gestörten Kommunikationsstrukturen lesen, die charakteristisch für die moderne Gesellschaft sind. Die Strukturen der Kommunikation fast aller Figuren (mit Ausnahme von Lukas, da dieser kaum in Erscheinung tritt), sind durch Macht gekennzeichnet, zumindest ist die Kommunikation innerhalb des Stücks stark asymmetrisch. Sogar die Kommunikationsstrukturen zwischen den Schwestern Anna und Olga sind von der Machtfrage durchtränkt: Anna kritisiert, wie die österreichische Gesellschaft ist (nämlich immer noch nazistisch) und definiert damit als stärkere Kommunikationspartnerin zugleich die Wirklichkeit. Im Gegensatz dazu schweigt Olga. Auch Robert Schuster nutzt seine Redegewalt dazu, seine Kommunikationspartner zum Schweigen zu bringen. Das heißt, er macht aus einer ursprünglich gleichberechtigten (symmetrischen), eine komplementäre Kommunikationssituation – so z.B. als er in der zweiten Szene seinen Monolog über die Dummheit, den Katholizismus und die immer noch währende nationalsozialistische Einstellung der Österreicher hält:

„Österreich selbst ist nichts als eine Bühne/[...] sechseinhalb Millionen Debile und Tobsüchtige/ die ununterbrochen aus vollem Halse nach einem Regisseur schreien/ der Regisseur wird kommen/ und sie endgültig in den Abgrund hinunterstoßen."[3]

Hier spricht Robert nicht mit Anna und Olga, sondern er hält einen Monolog – was im übrigen auch in der dritten Szene der Fall ist. Diese Strategie der Monologisierung, die er anwendet, führt dazu, dass er letztlich die Definitionsgewalt hinsichtlich aller angesprochenen Fragen und Themen behält – denn die anderen Figuren gehen in seiner Redegewalt quasi unter. Zwar hätten sie die Möglichkeit ihm zu widersprechen, aber auch das würde nichts nützen, da sie dann mit einem weiteren Monolog von seiten Robert Schusters zu rechnen hätten.

Olga versucht an einer einzigen Stelle des Stücks ihren Onkel verbal zu entmachten, nämlich indem sie die Kommunikation selbst thematisiert, also auf eine Metaebene bringt: „Onkel Robert du übertreibst."[4] Aber dies mißlingt, da er seinen Monolog ohne Rücksicht auf ihren Einwand fortführt.

Neben der Kritik an Österreichs politischen Verhältnissen- vorallem an dem noch immer ausgeprägten Antisemitismus- stellt das Stück also auch eine Kritik der oben beschriebenen modernen Kommunikationsstrukturen dar.

Den Gegenstand des Monologs von Frau Zittel bildet der Selbstmord Josef Schusters und die Klärung ihres Verhältnisses zu ihm. Umgebracht hatte er sich, weil er den erstarkenden Neo-

---

[3] Thomas Bernhard: Heldenplatz, S. 89.
[4] Ebd., S.112.

4

Nazismus innerhalb der österreichischen Gesellschaft nicht mehr ertragen konnte – und das im Jahr 1988, also genau 50 Jahre nach der Verkündigung des Anschlusses Österreichs an das nationalsozialistische Deutschland. Interessanterweise verliert weder Frau Zittel noch Herta ein Wort des Mitleids oder gar der Trauer über den Selbstmord Schusters. Dies ist bezeichnend, denn Frau Zittel war bis zu seinem Selbstmord insgesamt 40 Jahre bei ihm angestellt und in dieser Zeit zu einer Art Ersatz-Ehefrau für ihn geworden, zumindest auf der geistig-seelischen Ebene.

Statt Trauer zu zeigen, spielt Frau Zittel den Anlass des Selbstmordes eher herunter. Indem sie sagt: „Der Selbstmord ist immer eine Kurzschlußhandlung", behauptet sie gleichzeitig, dass der Suizid keine überlegte Reaktion auf die politischen Verhältnisse Österreichs gewesen sein kann. Verantwortlich für den Selbstmord Josef Schusters sind nach Frau Zittel weder die österreichische Gesellschaft, noch die österreichische Politik noch auch die nationalsozialistische Vergangenheit, sondern die Familie Josef Schusters. Der Selbstmord erfährt, indem er gänzlich ins Private gezogen wird, eine Entpolitisierung. Daraus folgt, dass Frau Zittel das wahrscheinlichste Motiv des Suizids Josef Schusters, nämlich dessen Traumatisierung angesichts der österreichischen Verhältnisse, d.h. angesichts des weiterhin bestehenden und sogar zunehmenden Judenhasses in Österreich, ausschließt.

Das sprachliche Handeln der Frau Zittel dient der Provokation des Publikums und soll zum Nachdenken bewegen.[5] Man hat den Eindruck, als solle hier im Individuellen verdeutlicht werden, was im Kollektiven bezüglich der Verarbeitung des Nationalsozialismus in Österreich schiefgelaufen ist, da nämlich eine solche Verarbeitung kaum stattgefunden hatte. Notwendige Bedingungen der Verarbeitung eines Unrechts, wie die Nazi-Herrschaft es darstellte, sind Anteilnahme mit den Opfern und Trauer. Der Selbstmord und sein Motiv verwehren gewissermaßen eine Historisierung der Geschehnisse, an denen Österreich mit dem Anschluss an Nazi-Deutschland beteiligt war. Durch eine solche Aktualisierung wird auch auf das Nicht-Erinnern-Wollen an die Geschehnisse als Problem verwiesen.

Sofern man den Aussagen Frau Zittels Glauben schenken darf, zeichnete sich der Charakter Josef Schusters durch einen nicht unerheblichen Anteil von Arroganz aus:

nicht einmal meine Frau darf auf mein

---

[5] Vgl. Regine Meyer-Arlt : Nach dem Ende. Posthistoire und die Dramen Bernhards, Hildesheim [u.a.], 1993, S.70-71.
Da das Bernhardsche Stück auf die Provokation des Publikums angelegt ist, lässt sich die Schlussfolgerung ziehen, dass er sein österreichisches Publikum nicht für ganz so dumm hält, wie die in dem Stück vorhandenen Beschimpfungen der Österreicher (v.a. durch Robert Schuster) vielleicht vermuten lassen. Die Provokation hätte sonst gar keinen Sinn.

Begräbnis hat er einmal gesagt
der Gedanke wäre mir unerträglich
daß diese Untermenschen alle
an meinem Grab stehen.[6]

Hier ist der Begriff des Untermenschen interessant, aus dem Mund eines Juden, der Zeit seines Lebens unter dem österreichischen Nazismus gelitten hatte. Schließlich gehört es zur Ideologie des Nazismus, die Welt in sog. Herren- und Untermenschen einzuteilen (Arier „Herrenmenschen" – Juden und Slawen als „Untermenschen"). Die Bezeichnung der Angehörigen der Familie Schuster als Untermenschen ist so zu verstehen, dass Dr. Josef Schuster die Kategorien, welche die Nazis auf die Juden im Dritten Reich anwandten, auf individueller Ebene übernimmt, nämlich indem er seine Ehefrau Hedwig Schuster sowie seine Kinder, Anna, Olga und Lukas als „Untermenschen" einstuft. Es ist hier also von einer „Identifikation mit dem Aggressor"[7] zu sprechen.

So ist es auch kein Zufall, dass gerade seine Ehefrau Hedwig von dieser Verachtung besonders betroffen ist, da sie, als weibliche Person ebenso „die Andere" aus Sicht der männlichen Person Josef Schuster verkörpert, wie eben die Juden „die Anderen" zur Zeit des Dritten Reiches für die Nazis wie auch für einen nicht unerheblichen Teil der deutschen christlichen Bevölkerung waren. Eine solche Deutung gewinnt Plausibilität auch vor dem Hintergrund, dass in den Werken Bernhards Frauen häufig eine unterdrückte Position zukommt.

Der oder die Andere zu sein, heißt oft nicht nur – wertneutral festgestellte – Unterschiede im Vergleich zur jeweils beurteilenden Person aufzuweisen, sondern es heißt aus Sicht der Beurteilenden nicht selten auch der / die Schlechtere, die zweitrangige Person zu sein. Das, was anders ist oder besser gesagt: Dasjenige, was zumindest auf den ersten Blick anders zu sein scheint, ist sehr oft auch das, worauf eigene negative Affekte und Eigenschaften projiziert werden, so kann nämlich diejenige Personengruppe, die sich als Norm einstuft, ihre eigenen Minderwertigkeitsgefühle verdrängen und die Eigenschaften, die sie bei sich selbst ablehnt, auf den oder die Andere projizieren.

Wenngleich der Charakter Schusters, wenn nicht als ausschließlich negativ, so doch zumindest als äußerst schwierig von Frau Zittel dargestellt wird, so steht aber selbst für sie außer Frage, dass er einen brillanten Geist besitzt:

---

[6] Thomas Bernhard: Heldenplatz, S.50.
[7] Der Begriff der „Identifikation mit dem Aggressor" bezeichnet den Prozeß der Übernahme von zumeist (negativen) Vorurteilen über die soziale Gruppe, der die sich mit dem Aggressor identifizierende Person angehört.

Der Professor wird schon gewußt haben,
was er tut
der Professor war ja nicht verrückt
der Professor hat ja einen scharfen Verstand gehabt
er war nicht lebensüberdrüssig
Die Familie hat ihn nie verstanden
der Sohn versteht ihn nicht
die Töchter verstehn ihn nicht
Ein Geistesmensch wird nie verstanden
ein Geistesmensch ist immer
unverstanden
ganz allein geht ein Geistesmensch
durch sein Leben
wenn sie auch alle erfrieren
an seiner Seite
hat der Professor gesagt.[8]

Hier widerspricht sich Frau Zittel selbst: der Selbstmord ist immer eine Kurzschlusshandlung, aber der Herr Professor, der wird schon gewusst haben, was er da tat. Aus letzterer Perspektive handelt es sich nicht um eine Kurzschlusshandlung, sondern um einen bewussten Entschluss.

Dieser Abschnitt ihrer Rede ist eine exemplarische Demonstration der Dummheit der Österreicher. Gleichwohl ist davon auszugehen, dass Bernhard diese im Stück fortwährend angesprochene Dummheit nicht als wörtlich zu verstehende Ansicht über die wirklichen Österreicher meint – andernfalls hätte er das Drama nicht zu schreiben brauchen, da die in ihm vorkommende Kritik dann nichts ausrichten könnte. Die Österreicher müssten dann nämlich zu dumm sein, um sie überhaupt verstehen zu können. Vielmehr dienen die tatsächlich dummen Reden Frau Zittels und die immer wieder vorgehaltene Dummheit des österreichischen Volkes vor allem der Provokation[9], wie das gesamte dramatische Werk Thomas Bernhards.[10]

Frau Zittel verkörpert in dem Drama einen bestimmten Typus von Mensch – den Menschentypus nämlich, den faschistische Systeme brauchen, um funktionsfähig zu sein: den autoritätshörigen Menschen, der sich der Macht unterwirft, da er ihr blind vertraut ohne nachzudenken, den Menschentypus, der keinen Wert auf eigenständiges Denken legt, den Typus Mensch, der selbst an der Macht partizipieren will, selbst wenn er seine Eigenständigkeit und Menschlichkeit aufgibt. In stilistischer Hinsicht zeigt sich dies an den

---

[8] Thomas Bernhard: Heldenplatz, S.57.
[9] Aber das heißt keineswegs, dass es sich bei der Provokation, die Bernhards Dramen beabsichtigen, nur um Provokation um der Provokation willen handelt- denn Provokation schließt ernsthafte Zeitkritik ja nicht aus.
Vgl. dazu: Malgorcata Ģlac: Kollektives Schweigen-öffentlicher Skandal: NS-Vergangenheit in Elfriede Jelineks „Präsident Abendwind" und „Heldenplatz" von Thomas Bernhard , S. 30.
[10] Vgl.Wendelin Schmidt-Dengler: „Der Übertreibungskünstler. Studien zu Thomas Bernhard", S. 107.

Reden Frau Zittels, indem sie fortwährend Josef Schuster zitiert. Formal drückt sich dies durch die häufige Verwendung von inquit-Formeln aus. Sie ist nicht fähig, sich eigene, unabhängige Gedanken über die Welt und die Prozesse innerhalb der Welt zu machen. Entsprechend gering ist ihre Fähigkeit zur Selbstreflexion entwickelt. Sie will sich allem Anschein nach nicht mit der österreichischen Gesellschaft und auch nicht mit sich selbst auseinandersetzen.

Indem Josef Schuster von Frau Zittel und vor allem auch von Robert Schuster sehr oft zitiert wird, ist er als Toter im Stück gleichwohl anwesend.

1.2 Der zunehmende Antisemitismus im Österreich des Jahres 1988 als Gesprächsthema der Familie Schuster

Die zweite Szene bildet sowohl in chronologischer Hinsicht als auch im Hinblick auf die Thesen die im Bernhardschen Stück zum Ausdruck kommen, den Mittelpunkt des Dramas: Sie spielt unmittelbar nach dem Begräbnis Josef Schusters, im Volksgarten. Der Dialog zwischen Anna, Olga und dem Bruder des Verstorbenen, Professor Dr. Robert Schuster, zeigt die Angst vor, und den Abscheu gegenüber dem in Österreich während der 1980er Jahre immer weiter zunehmenden Antisemitismus. Die Hauptthese dieser Szene besteht in der Äußerung Annas, das Österreich von 1988 sei im Hinblick auf die Judenfeindlichkeit noch weitaus schlimmer als das von 1938 – eine Behauptung, der Professor Robert Schuster im Verlauf des Dialogs zustimmt (obwohl er selbst nicht gewillt ist für die Veränderung der Verhältnisse zu protestieren, wie er mehrfach anmerkt):

> [...]die Zustände sind ja wirklich heute so
> wie sie achtunddreißig gewesen sind
> es gibt jetzt mehr Nazis in Wien
> als achtunddreißig
> du wirst sehen
> alles wird schlimm enden
> dazu braucht es ja nicht einmal
> einen geschärften Verstand
> jetzt kommen sie wieder
> aus allen Löchern heraus
> die über vierzig Jahre zugestopft
> gewesen sind
> du brauchst dich ja nur mit irgend einem unterhalten
> schon nach kurzer Zeit stellt sich
> heraus
> gleich ob du zum Bäcker gehst
> oder in die Putzerei in die Apotheke
> oder auf den Markt
> in der Nationalbibliothek glaube ich

ich bin unter lauter Nazis
sie warten alle nur auf
das Signal
um ganz offen gegen uns
vorgehen zu können."[11]

In dieser Rede der Frau Professor Anna offenbart sich die Tatsache, dass in Österreich keine Bewältigung der nationalsozialistischen Vergangenheit stattgefunden hat (dass Bernhard in dem Stück damit eine virulente Problematik aufgegriffen hatte, wird vor allem an den Reaktionen des Publikums, der Presse und nicht zuletzt der Politik anlässlich der Premiere von *Heldenplatz* 1988 unter der Regie von Claus Peymann ersichtlich).

Die oben angeführte Aussage Annas trägt zwar paranoide Züge, was an ihrer Behauptung ersichtlich wird, sie glaube in der Nationalbibliothek unter lauter Nazis zu sein, die alle nur auf das Signal warten, um ganz offen gegen die Juden vorgehen zu können. Damit ist aber gerade nicht gesagt, dass ihre Aussagen über die Häufigkeit des Nazismus im Österreich des Jahres 1988 falsch sind, da paranoide Vorstellungen oder Phantasien häufig einen Wahrheitskern beinhalten. Gleichzeitig lässt sich die oben angeführte Rede Annas aber auch als eine weitere Provokation von seiten des Autors verstehen, die dazu dient, das Publikum dazu zu bringen, eine eigenständige Position im Hinblick auf die politische Gegenwart Österreichs zu entwickeln.

In indirekter Art und Weise macht sie ihrem Onkel Robert Vorwürfe, indem sie feststellt, er gehöre nicht, wie die Mutter Hedwig und der Vater Josef zu denen, die scharfsinnig sind und über eine entsprechend sensible Wahrnehmung verfügen:

Das ist ja auch das Ende von Onkel Robert nur der Onkel
Robert ist kein Selbstmordtypus
Leute wie der Onkel Robert
stürzen sich nicht aus dem Fenster
sie werden auch nicht von den
Nazis gejagt
die ignorieren die meiste Zeit was
um sie herum ist
gefährlich ist es nur mit solchen
wie dem Vater
die ununterbrochen alles sehen
und alles hören und
dadurch immer Angst haben.[12]

Die Denkenden
waren schon immer die
Gefährlichen

---

[11] Ebd., S. 62-63.
[12] Ebd., S. 68-69.

die Arglosen die Beethoven
ungestört hören können
die haben die Menschen lieber.[13]

Leute wie Robert Schuster werden auch nicht von den Nazis gejagt – oder besser, Leute wie er merken es nicht, auch wenn sie tatsächlich von den Nazis verfolgt werden. Hier wirft Anna ihrem Onkel mangelnde Scharfsinnig- und Scharfsichtigkeit vor. Es scheint so, als wolle sie sagen, ihr Onkel habe es sich im weiterhin nationalsozialistischen Österreich bequem gemacht. Diese Bequemlichkeit, die man ihm auch tatsächlich vorwerfen könnte, da er ja nicht einmal zu protestieren bereit ist, geht zu Lasten von Demokratie und Rechtsstaatlichkeit und spielt den antisemitischen Tendenzen in die Hände .

In der eben zitierten Aussage Annas ist die These impliziert, dass die Denkenden ungeliebt sind. Dies geht darauf zurück, dass die Denkenden unbequeme Wahrheiten aussprechen, von denen die Mitmenschen bzw. die Gesellschaft nichts wissen wollen bzw. will.

Im Verlauf des Dialogs zeigt sich aber, dass Robert Schuster nicht der gesellschaftlich Blinde ist, für den ihn Anna hält:

[...] die Engländer haben auch einen
faschistischen Untersatz
das wird immer vergessen
und die Engländer haben ihren
Faschismus
in Oxford gab es auch und
gibt es noch den Judenhaß
In Europa ist es ganz gleich
wo der Jude hingeht
er wird überall gehaßt.

Hier handelt es sich um eine etwas übertriebene Aussage, insofern als es den Judenhass in Europa nach 1945 bis in die heutige Zeit hinein noch häufig gegeben hat und er auch bis auf den heutigen Tage in Europa nicht so selten ist, aber die Aussage, der Jude würde überall abgelehnt, egal wo er hingehe, ist letztlich doch eine Übertreibung. Ebenso provokativ ist der Singular „der Jude", er ist dem Nazi-Jargon entlehnt.

Derartige Übertreibungen sind charakteristisch für den Stil Bernhards, nicht von ungefähr wird Thomas Bernhard ja auch als „Übertreibungskünstler" bezeichnet.[14] Das gesamte Drama besteht aus lauter Beschimpfungen: des österreichischen Staates, der katholischen Kirche, der österreichischen Nazis, des österreichischen Stumpfsinns. Auch wenn die Behauptungen, welche in den Beschimpfungen enthalten sind, der Richtigkeit nicht völlig entbehren, so sind

---

[13] Ebd., S. 69-70.
[14] Klaus von Schilling: Die Gegenwart der Vergangenheit auf dem Theater: die Kultur der Bewältigung und ihr Scheitern in politischen Dramen von Max Frisch bis Thomas Bernhard, S. 161.

sie doch keine Thesen im eigentlichen Sinne, denn an Begründungen dafür mangelt es. In „Heldenplatz" werden weder kausale Zusammenhänge dargestellt, noch wird eine Lösung für die thematisierte Problematik aufgezeigt.[15] Diese Kritik ist rein negativ, d.h. sie weiß nur, wogegen sie ist, aber es gibt in dem ganzen Stück kein Wofür. Ganz im Gegenteil: Es gibt offenbar keine Lösung, keine – wie auch immer geartete – Abhilfe, alles scheint hoffnungslos zu sein. Die Aufgabe der Lösung wird ans Publikum weitergereicht.

1.3 Die österreichische Politik und die österreichische Presse als Zielscheibe der Kritik Robert Schusters – der Tod Hedwig Schusters

Die dritte Szene führt die Kritik der zweiten Szene am österreichischen Staat und der österreichischen Gesellschaft weiter. Bemerkenswerterweise ist Frau Professor Hedwig Schuster erst in der letzten und dritten Szene anwesend. Dies ist insofern relevant, als sie sich eben wie andere, auch schweigende Figuren des Stückes, wie z.B. Herta und Olga, nicht äußert: Sie besitzt einen Objektstatus, d.h. man redet nicht mit ihr, aber durchaus gerne über sie. Nicht zuletzt ist sie auch von ihrem Mann deshalb abgewertet worden, weil ihre Leidenschaft dem Theater galt – sie ist auch ausgebildete Schauspielerin- und nicht der Musik, die Josef Schuster alles bedeutete.

Robert Schuster und Professor Liebig sprechen über die österreichische Regierung, wobei klar wird, dass es ihnen nicht darum geht, wer genau regiert – ob die Sozialdemokraten oder die Konservativen regieren, wie an der Rede Professor Liebigs deutlich wird:

> Darum geht es ja nicht
> das ist ja vollkommen
> gleichgültig was das für eine Regierung ist
> es ist ja eine wie die andere
> es sind ja immer dieselben Leute
> es sind ja immer dieselben Geschäfte
> es sind immer dieselben Interessen
> verkommene Leute
> die mit jedem Tag den Staat mehr
> zugrunde richten.[16]

Hier handelt es sich also vorwiegend um eine moralische Kritik, und nicht um eine genuin politische. Im Zentrum der Kritik steht nicht eine bestimmte politische Partei oder gar ein politisches Programm. Im Kern richtet sich die Kritik gegen die Machtbesessenheit der Regierenden: sie seien allein an ihrem Machterhalt interessiert, nicht an der Verbesserung des Staates oder gar der Lebensbedingungen der Menschen, und auch nicht an der Umsetzung

---

[15] Vgl. ebd.
[16] Ebd., S.120.

bestimmter inhaltlicher politischer Ziele. In diesem Dialog zwischen Professor Schuster und Professor Liebig kommt eine starke Politikverdrossenheit zum Ausdruck. Sprachlich manifestieren sich Kritik und Frustration in Anbetracht der österreichischen Verhältnisse durch Wiederholung bestimmter Phrasen, und vor allem durch die totalisierenden Ausdrücke, z.B. „immer wieder". Die Sätze der Figuren werden für den Leser bzw. Zuschauer durch ihre parallele Anordnung besonders einprägsam.

Im Folgenden richten sich ihre verbalen Attacken gegen die österreichischen Zeitungen, wobei Robert Schuster zugibt, dass er diese trotz (oder gerade wegen?!) ihrer Niveaulosigkeit liest (was sich auch als eine implizite Selbstkritik auffassen lässt):

> das ist mein Stumpfsinn
> neinnein ich würde ersticken
> ohne die österreichischen Dreckblätter
> Sie ersparen sich Unsummen für
> Tabletten
> Wenn Sie sich schon in der
> Frühe gleich
> dem totalen Stumpfsinn
> der Kronenzeitung und des Kurier
> ausliefern
> das bringt den Blutkreislauf schon
> in der Frühe in Raserei
> von der *Presse* rede ich nicht
> mit zehn Schilling selbst
> als Schlafmittel viel zu teuer.

Schließlich gibt er seiner Schwägerin, Hedwig Schuster, im Hinblick auf ihre totale Ablehnung Österreichs, und damit nicht zuletzt Wiens, recht:

> Die Mutter war die einzig Konsequente
> Aber auf die Mutter hat niemand
> gehört
> In Wien will ich nicht einmal begraben
> sein hat sie immer gesagt
> es hat ihr nichts genützt
> Josef hat sich durchgesetzt.[17]

In der von ihm geteilten Ablehnung Österreichs verweist Robert Schuster zugleich darauf, dass Hedwig zwar nach außen hin die Verrückte, die Psychotikerin innerhalb der Familie Schuster war und ist, aber dennoch (oder vielleicht gerade deswegen) mehr Verstand und Weitsicht besaß als Josef, der sich schließlich selbst tötete, aber nach außen hin nicht verrückt erschien, der letztlich auch die Entscheidung, von England nach Wien zurückzukehren, gegen die im Grunde richtige Auffassung Hedwigs durchsetzte. Dass die psychotischen Anfälle

---

[17] Ebd., S.134-135.

Hedwig Schusters einer realen Grundlage nicht entbehren, bestätigt auch Liebig, indem er sagt, es sei nur noch eine Frage der Zeit, bis die Nazis wieder an der Macht wären.

Nicht zuletzt ist der Tod von Professor Josef Schuster ein entscheidendes Thema der Rede Roberts in der dritten Szene, wie auch schon in der ersten Szene in der Rede von Frau Zittel. Robert Schuster bewundert seinen Bruder für seinen Mut zum Selbstmord. Gleichzeitig wirkt aber die folgende Aussage Robert Schusters befremdlich:

> Das Tragische ist ja nicht / daß
> mein Bruder tot ist
> daß wir zurückgeblieben sind / ist das
> Fürchterliche.[18]

Sie macht deswegen einen befremdlichen Eindruck, weil man gewöhnlich annehmen würde, dass Robert angesichts dessen Selbstmords seines Bruders traurig wäre. Aber statt Trauer und Mitgefühl findet man in dieser Aussage, die einen Chiasmus darstellt, Selbstmitleid – nämlich Selbstmitleid angesichts der Tatsache, dass man weiterlebt, wohingegen Josef, der nicht mehr lebt, auch nicht den weiteren Qualen ausgesetzt ist, die man selbst möglicherweise zu ertragen hat.[19]

Der Negativismus Robert Schusters zeigt sich an seiner folgenden Äußerung, an der offensichtlich wird, dass es seiner Ansicht nach keine Lösung für das Problem des Antisemitismus in Österreich gibt:

> Josef ist getäuscht worden
> wir alle sind getäuscht worden
> Oxford wäre aber durchaus keine Lösung gewesen
> Das Problem war ja, daß es für meinen Bruder
> Überhaupt keine Lösung gegeben hat.[20]

Dem wäre noch hinzuzufügen, dass sie sich bis auf Hedwig Schuster alle haben täuschen lassen, da sie der Hoffnung erlagen, es habe sich alles zum Besseren gewendet. Schließlich betont Robert Schuster nochmals, es sei eine unsinnige Idee gewesen, nach Wien zurückzukehren. Aber selbst dies ist für ihn nicht besonders bemerkenswert, denn nach seiner Auffassung besteht die Welt nur aus absurden Ideen. Dies ist so zu interpretieren, dass es aus seiner Perspektive ohnehin nichts Sinnvolles in der Welt gibt. Hier entlarvt Robert Schuster sich nochmals als Zyniker, für den es nichts Bedeutendes gibt, der sich durch seine Beschimpfungen der österreichischen Gesellschaft vor allem persönlich abreagiert.

---

[18] Ebd., S.162.
[19] Vgl. Martina Ochs: Eine Arbeit über meinen Stil/sehr interessant. Zum Sprechverhalten in Thomas Bernhards Theaterstücken, Frankfurt a.M., 2006, S.262-263.
[20] Thomas Bernhard: Heldenplatz, S.164.

Zum Ende des Stücks schlägt Frau Hedwig Schuster mit dem Gesicht auf die Tischplatte. dies könnte man als letztliche Kritik daran deuten, dass alle nur reden, und über das Reden das Handeln vergessen haben.

2. Das Theater um Heldenplatz

Das Drama Heldenplatz entstand im Auftrag von Claus Peymann, dem damaligen Chef des Burgtheaters Wien, als Beitrag zum 100. Jahrestag des Wiener Burgtheaters an der Ringstraße.[21] Es war damals beabsichtigt worden, dass der Text des Stücks bis zur Uraufführung geheim bleibt.[22] Aber einer Schauspielerin des Burgtheaters, Kirsten Dene, waren Teile des Textes aus ihrer Handtasche entwendet worden. Auf diese Weise wurden einzelne, aus dem Zusammenhang gerissene Passagen desselben der österreichischen Presse bekannt, wodurch der Skandal um Heldenplatz entfacht wurde.[23] Die für den 14.Oktober 1988 vorgesehene Premiere musste deswegen auf den 4.November verschoben werden.

2.1 Die Reaktionen der Politik auf Heldenplatz

Der FPÖ-Obmann und Rechtspopulist Jörg Haider forderte, Karl Kraus zitierend, „Hinaus aus Wien mit dem Schuft."[24] In diesem Zusammenhang ist das Zitat von einer bitteren Ironie, hatte doch der einer jüdischen Familie entstammende Karl Kraus wegen der Machtergreifung im Nachbarland Deutschland das Erscheinen der *Fackel* eingestellt. Die Begründung: „Mir fällt zu Hitler nichts ein."[25] Das durch und durch Böse konnte kein Gegenstand der Satire sein, Kraus wollte nicht, dass man ihm die eigene Sprachlosigkeit anmerkte.

Auffallend ist die Undifferenziertheit der Reaktionen auf Textteile des Stücks. Es ist anzunehmen, dass viele der heftigen Reaktionen der Politiker sowie der Presse darauf zurückzuführen sind, dass die entsprechenden Textpassagen wörtlich genommen wurden, anstatt sie als eine Provokation zu verstehen, die dazu dienen sollte, dass das Publikum sich seine eigene Meinung zu den geäußerten Thesen bildet. So äußerte der damalige Bundespräsident Kurt Waldheim – der sich allerdings durch die Provokation durchaus selbst angesprochen fühlen durfte – folgendermaßen zu dem Stück: „Ich halte dieses Stück für eine grobe Beleidigung des österreichischen Volkes."[26] Darauf entgegnete Bernhard: „Ja, mein

---

[21] Thomas Bernhard, Werkgeschichte. Hrsg. von Jens Dittmar. Frankfurt a.M., 1990, S.330.
[22] Ebd.
[23] Ebd.
[24] Ebd.
[25] Karl Kraus: Dritte Walpurgisnacht. Frankfurt a.M. 1989, S. 12.
[26] Thomas Bernhard, Werkgeschichte, S. 330.

Stück ist scheußlich. Aber das Stück, das jetzt drumherum aufgeführt wird, ist genauso scheußlich."[27]

Das ‚Theater', das um das Bernhardsche Stück Heldenplatz herum aufgeführt wurde, war Ausdruck einer nationalen Erregung, die aber darauf hinweist, dass die im Stück artikulierten politischen Vorwürfe an das Österreich von 1988 sowie die Österreicher nicht gänzlich unbegründet gewesen waren:

> Der Fallensteller Thomas Bernhard und sein Komplize Claus Peymann hatten mit „Heldenplatz" ein Narrenspiel angezettelt, und sie gingen ihnen fast alle in die Falle, entblößten sich in ihren Reaktionen, die Erregung eines ganzen Landes als Teil einer Inszenierung: Das war Claus Peymanns größtes Regiekunststück.[28]

2.2 Die Premiere

Die Erregung um das Stück Heldenplatz erreichte am 4. November, dem Tag der Premiere, ihren Höhepunkt. So teilte die Morgenausgabe der *Neuen Kronen Zeitung* unter der Schlagzeile „Burgtheater heute unter Polizeischutz" mit, daß „ein Großaufgebot an Polizisten in Uniform sowie Kriminalbeamte in Zivil sowie der Staatsschutz heute das Burgtheater schützen, weil Ausschreitungen befürchtet werden."[29]

Auch drei Leitartikler der „Presse" verurteilten das Stück, und erregten sich darüber, dass Peymann als Hausherr bereit gewesen sei, die Demonstrationen vor dem Burgtheater zuzulassen, anstatt ein Demonstrationsverbot zu erteilen. Desweiteren unterstellte man Peymann die Absicht, dass er wie Bernhards Bühnenfiguren über die Medien den Eindruck hervorrufen wolle, Österreich sei noch heute tiefbraun. Genau besehen sei es ein Irrwitz, daß der Staat Kunstwerke produziert, deren Konsum ihn zu Vorkehrungen gegen Gesetzesverletzungen zwingt.[30]

Es waren Protestkundgebungen der Befürworter und Gegner der Aufführung vor dem Burgtheater angekündigt worden. So hatte die national-konservative Gruppierung „Wir Niederösterreicher" das künstlerische Aufstapeln eines Misthaufens" vor dem Burgtheater angekündigt, eine völkische Organisation Jugendlicher und auch die „National-Konservative-

---

[27] Ebd.
[28] Oliver Bentz: Thomas Bernhard. Dichtung als Skandal. Würzburg 2000, S.75.
[29] Anon.: Bei Heldenplatz-Premiere Polizeischutz für die Burg. In: Neue Kronen Zeitung v.4.11.1988. Zit. nach: Bentz: Thomas Bernhard. Dichtung als Skandal, S. 91.
[30] Hans Haider, Manfred Kadi, Ernst Molden: Kein Platz für falsche Helden. Die Thomas-Bernhard-Uraufführung im Burgtheater findet unter Polizeischutz statt. In: Die Presse vom 4.11.1988. Zit. nach Oliver Bentz, S. 92.

Union" forderten unter dem Motto „Peymann raus" zur Demonstration vor dem Burgtheater auf.[31]

Der Verlauf des Abends, an dem *Heldenplatz* zum ersten Mal aufgeführt wurde, war erfüllt von einer Kampfstimmung. Das Publikum war dementsprechend in zwei Lager gespalten: nämlich in die Lager der Befürworter und der Gegner des Stückes:

> Volksfestähnliche Stimmung herrschte vor dem Burgtheater. Etwa 500 Menschen hatten sich eingefunden, um teils für, teils gegen das Stück zu demonstrieren. Unter Buh-Rufen und heftigem Applaus bahnte sich der Direktor den Weg [...] Das Publikum blieb den ganzen Abend über gespalten [...].“[32]

Schließlich lässt sich also festhalten, dass Bernhard mit seinem Stück die Öffentlichkeit Österreichs bewegt, und auch Teile des Publikums zum Nachdenken über die entsprechenden Themen gebracht hat. Diejenigen, die sein Stück in der oben beschriebenen Art und Weise angriffen, zeigten umso mehr, dass Bernhard mit seinen Vorwürfen der Dummheit und des Stumpfsinns der Österreicher nur zum Teil unrecht hatte.

---

[31] Oliver Bentz, S. 92.
[32] Georg Hoffmann-Ostenhof, u.a.: Pfeifkonzerte und Ovationen. In: Neue AZ vom 5.11. 1988. Zit. nach: Oliver Bentz, S. 93.

Literaturverzeichnis

Anon.: Bei Heldenplatz-Premiere Polizeischutz für die Burg. In: Neue Kronen Zeitung vom 4.11.1988.

Bentz, Oliver: Thomas Bernhard - Dichtung als Skandal. Würzburg, 2000.

Dittmar, Jens: Thomas Bernhard: Werkgeschichte. Frankfurt a.M., 1990.

Glac, Malgorzata: Kollektives Schweigen-öffentlicher Skandal: NS-Vergangenheit in Elfriede Jelineks „Präsident Abendwind" und „Heldenplatz" von Thomas Bernhard. Marburg, 2008.

Haider, Hans; Kadi, Manfred; Molden, Ernst: Kein Platz für falsche Helden. Die Thomas-Bernhard- Uraufführung im Burgtheater findet unter Polizeischutz statt. In: Die Presse vom 4.11.1988.

Hoffmann-Ostenhof, Georg, u.a.: Pfeifkonzerte und Ovationenen. In: Neue AZ vom 5.11.1988.

Jang, Eun-Soo: Die Ohn-Machtspiele des Altersnarren. Untersuchungen zum dramatischen Schaffen Thomas Bernhards, Frankfurt a.m., 1993.

Kraus, Karl: Dritte Walpurgisnacht. Frankfurt a.M. ,1989.

Langer, Renate: Bilder aus dem beschädigten Leben. Krankheit bei Thomas Bernhard. In: Thomas Bernhard- Die Zurichtung des Menschen. Hrsg. von Alexander Honold und Markus Jod. Würzburg, 1999.

Ochs, Martina: Eine Arbeit über meinen Stil/ sehr interessant. Zum Sprechverhalten in Thomas Bernhards Theaterstücken. Frankfurt a.M., 2006.

Meyer-Arlt, Regine: Nach dem Ende. Posthistoire und die Dramen Bernhards. Hildesheim [u.a.],1993.

Schilling, Klaus von: Die Gegenwart der Vergangenheit auf dem Theater: die Kultur der Bewältigung und ihr Scheitern in politischen Dramen von Max Frisch bis Thomas Bernhard. Tübingen, 2001.

Schmidt-Dengler, Wendelin: Der Übertreibungskünstler: Studien zu Thomas Bernhard. 2. erw. Aufl. Wien, 1989.